―― 2024
K LEAGUE
PHOTO-
GRAPH
COLLEC-
TION

Contents

PROLOGUE — **010**

Chapter 01 — **024**
Chapter 02 — **056**
Chapter 03 — **138**
Chapter 04 — **176**

PRO-
LOGUE

새 감독들의 등장

올해에는 유난히 새 사령탑과 새롭게 시작하는 팀이 많았다. 김기동 감독이 FC서울 지휘봉을 잡으면서 박태하 감독이 포항 스틸러스의 새 사령탑으로 부임했다. 포항에서 함께 뛰었던 두 사람 사이에 오묘한 긴장감이 연출될 수밖에 없는 분위기였다. 제주 유나이티드는 베테랑 김학범 감독과 새 항해를 시작했다. 2023년 20세 이하 월드컵 준결승 진출을 통해 차세대 지도자에 이름을 올린 김은중 감독은 수원FC에서 프로 감독으로 데뷔했다. 김학범 감독과 김은중 감독은 23세 이하 대표팀에서 호흡을 맞춘 사이이다. 두 사람도 경쟁을 피할 수 없게 됐다.

2부 리그는 변화가 더 컸다. FC안양은 '이우형 사단'의 핵심이었던 유병훈 감독 체제로 전환했다. 박동혁 감독은 충남 아산을 떠나 경남FC로 향했다. 충남 아산은 박동혁 감독의 빈자리를 김현석 감독으로 메웠다. 지난해까지 수원FC를 이끌었던 김도균 감독은 서울 이랜드로 적을 옮겼다. 김천 상무에서 지도력을 입증한 김태완 감독은 천안 시티FC 사령탑에 올라 새로운 도전에 나섰다.

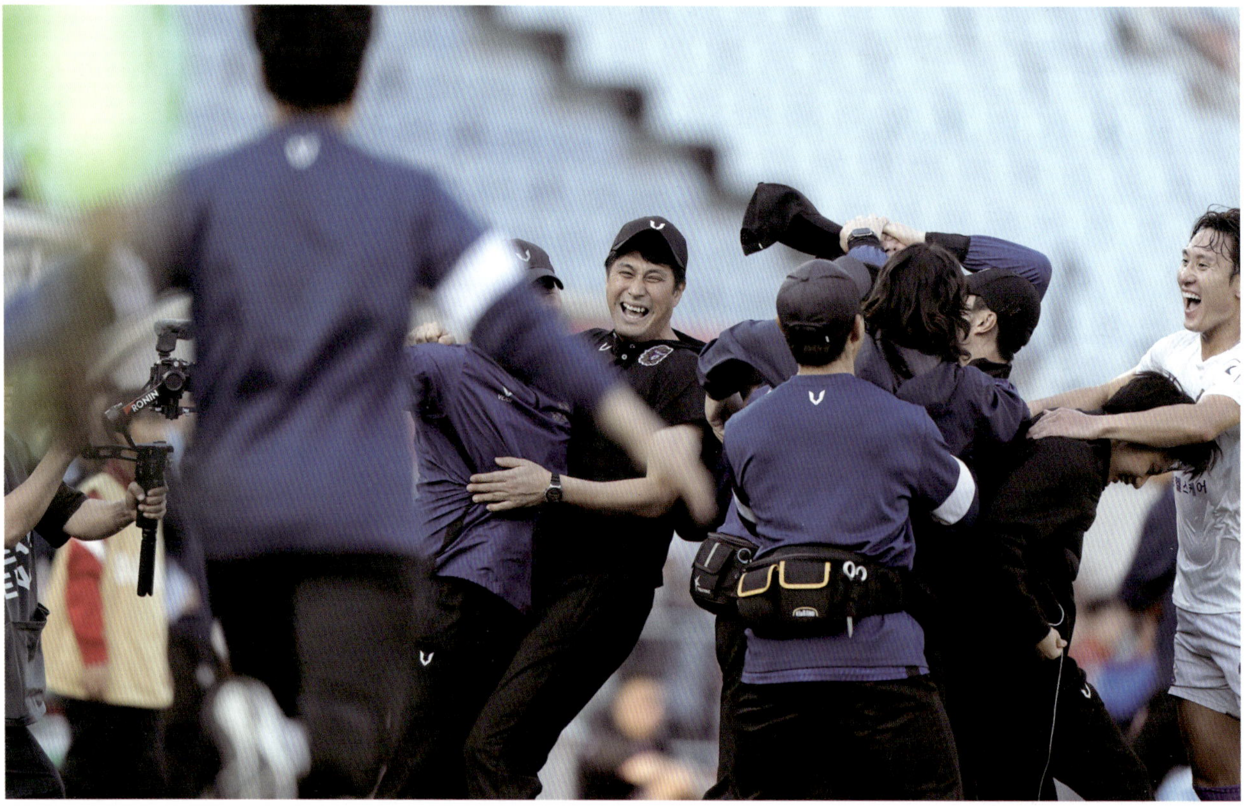
RONIN

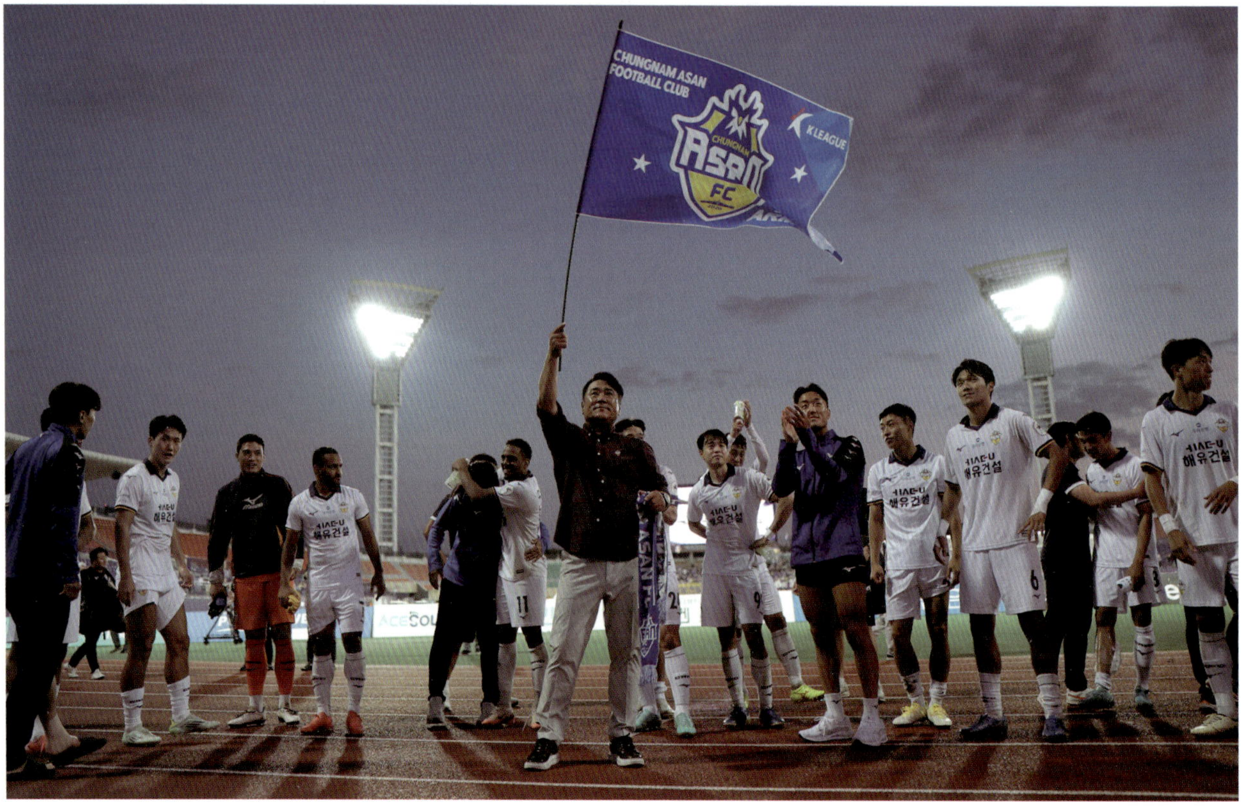
CHUNGNAM ASAN
FOOTBALL CLUB
K LEAGUE
CHUNGNAM
ASAN
FC
해유건설

예상 밖으로 흘러간 우승 경쟁

올해는 우승 싸움이 가장 특이하게 기억될 만한 시즌이다. 전통의 라이벌인 울산 HD와 전북 현대가 직접적으로 순위 경쟁을 아예 하지 않았기 때문이다. 2연패를 달성하며 3연패에 나선 울산은 나쁘지 않은 시즌을 보냈지만, 여름에 큰 변수를 맞이했다. 전임 사령탑인 홍명보 감독이 7월 대표팀 지휘봉을 잡게 되면서 리더십에 큰 공백이 발생했다. 서포터가 감독의 고별전에 야유하는 초유의 상황이 발생하면서 엄청난 위기에 직면했다. 그렇게 울산은 4위까지 추락했다.

울산이 주춤하는 사이 강원FC, 김천 상무라는 강력한 대항마가 등장했다. 강원은 윤정환 감독의 리더십과 정경호 수석코치의 전술적 능력이 강력한 시너지 효과를 발휘하면서 엄청난 돌풍을 일으켰다. 강원 역사상 최고 성적인 2위까지 오를 정도로 위대한 역사를 만들었다. '군팀'이라 늘 평가절하되는 김천의 경우 정정용 감독의 능력이 빛났다. 정정용 감독은 2023년 김천의 2부 리그 우승 및 다이렉트 승격을 이끈 데 이어 K리그1에서 3위에 올려놓는 기염을 토했다. 이동경, 김봉수 등 주요 선수의 적극적인 활용을 통해 김천을 가장 세련된 축구를 하는 팀으로 변모시켰다.

강원, 김천의 강력한 저항에도 불구하고 울산은 챔피언 타이틀을 지키는 데 성공했다. 8월 부임한 김판곤 감독 체제가 빠르게 안정을 찾은 게 원동력이었다. 김판곤 감독과 치른 13경기에서 9승3무1패의 좋은 성적을 기록했고, 마지막에 강원, 김천의 벽을 넘으며 우승을 달성했다. 스포츠에서 3년 연속 우승을 차지할 경우 보통 '왕조'라는 표현을 쓴다. 올해 울산은 K리그에서 '울산 왕조 시대'를 활짝 열었다.

전북 현대의 추락

'영원한 우승 후보' 전북의 추락은 2024시즌 최대 사건 중 하나다. 오히려 울산의 3연패보다 더 큰 이슈가 될 정도로 K리그 전체에서 관심 있게 지켜본 일이었다.

전북은 시즌 내내 하위권에 머물렀다. 2023년 여름 부임한 단 페트레스쿠 감독은 동계 훈련을 하면 팀이 달라질 것이라는 기대를 받았지만 실망만 남겼다. 페트레스쿠 감독 체제에서 전북은 힘을 쓰지 못했다. 4월 초를 보내는 중 12위까지 추락하면서 페트레스쿠 감독은 짐을 싸 루마니아로 돌아갔다. 이후 행보가 더 물음표였다. 전북이 새 사령탑 김두현 감독을 선임한 시기는 5월 말이었다. 페트레스쿠 감독 사임 후 거의 2개월을 허공으로 날려 보냈다. 팀 성적은 당연히 바닥을 쳤다.

김두현 감독 부임 후 달라질 것 같았던 전북은 좀처럼 우승 후보의 면모를 회복하지 못했다. 어떠한 색깔도, 뚜렷한 결과도 보여주지 못하면서 팀은 점점 곤두박질쳤다. 시즌 막바지까지 위닝 멘털리티를 회복하지 못한 전북은 결국 승강플레이오프로 향하는 초유의 상황에 직면했다. K리그에서 가장 많은 예산을 쓰고 국가대표급 선수가 즐비한 명가가 2부 리그 추락을 우려해야 하는 파도 속에 휘말렸다.

잔류 DNA는 없었다, 인천의 첫 강등

인천은 K리그에서 가장 강력한 잔류 DNA를 보유한 팀이다. 강등 싸움을 했던 수많은 시즌 중 실제로 떨어진 적이 한 번도 없었다. 전북 현대, 울산HD, FC서울, 포항 스틸러스 등 전통의 명가와 함께 2부 리그 경험이 없는 몇 안 되는 팀이 바로 인천이었다. 시도민구단 중에서는 유일하다.

올해에는 달랐다. 시즌 초반부터 하위권에 머물렀던 인천은 7월 초 조성환 감독이 성적 부진으로 사임한 후 8월 최영근 감독을 선임해 반등을 노렸지만 역부족이었다. 후반기에는 내내 최하위권에 머물다 결국 37라운드에 강등이 확정되는 아픔을 겪었다.

당시 상대는 대전하나시티즌이었다. 대전 서포터는 인천의 강등을 조롱하며 구호를 외치고 현수막까지 걸었다. 황선홍 감독과 오재석 등은 이를 말리며 인천을 배려하는 모습을 보여 화제가 됐다. 인천은 차분하게 마지막 38라운드를 마친 후 2부 리그 생활을 준비하게 됐다.

올해에도 K리그는 감독의 무덤이었다

K리그는 빡빡한 승강제로 인해 감독 교체가 잦은 리그가 됐다. 올해에도 마찬가지였다.

1부 리그를 보면 전북 현대가 단 페트레스쿠 감독에서 김두현 감독으로, 대구FC가 최원권 감독에서 박창현 감독으로 사령탑을 교체했다. 대전하나시티즌의 이민성 감독은 성적 부진으로 팀을 떠났고, 빈자리를 황선홍 감독이 채웠다. 인천 유나이티드의 경우 조성환 감독 대신 최영근 감독이 시즌 도중 지휘봉을 잡았다. 다른 성격이긴 하지만 울산HD도 리더가 홍명보 감독에서 김판곤 감독으로 바뀌었다. 시즌을 시작한 감독 체제 그대로 마무리한 팀은 강원FC와 김천 상무, FC서울, 수원FC, 포항 스틸러스, 제주 유나이티드, 광주FC 등 7팀뿐이었다. 공교롭게도 사령탑을 바꾼 서울, 수원FC, 포항, 제주 등은 큰 위기 없이 시즌을 마쳤다.

2부 리그에서도 교체 러시가 이어졌다. 성남FC는 이기형 감독에서 최철우 감독대행, 그리고 전경준 감독 체제로 변화했다. K리그2에서 첫 시즌을 보낸 수원 삼성은 염기훈 감독과 결별하고 변성환 감독 체제로 전환했다. 부산 아이파크는 박진섭 감독에서 조성환 감독으로, 안산 그리너스는 임관식 감독에서 이관우 감독으로 사령탑을 교체해야 했다. 경남FC는 박동혁 감독, 충북 청주는 최윤겸 감독과 시즌 도중 결별하고 감독대행 체제로 잔여 시즌을 보냈다.

외국인 농사, 어느 때보다 흉작이었다

올해 K리그1에서는 외국인 농사에 성공한 팀을 찾기 어려울 만큼 아쉬움이 남았다. '뉴페이스' 중 대박이라 불릴 만한 선수가 거의 없었다.

가장 크게 히트한 선수는 수원FC의 안데르손이었다. 안데르손은 전반기에 이승우와 뛰어난 호흡을 과시하며 맹활약했다. 이승우가 떠난 후에도 위력을 발휘하며 7골13도움으로 시즌을 마감했다. K리그 데뷔 시즌에 공격포인트 20개를 기록하며 리그 최고의 공격수로 발돋움했다. 김은중 감독은 안데르손을 다양한 위치에서 폭넓게 활용하며 성적까지 냈다.

여름에 FC서울에 들어온 요르단 출신 센터백 야잔이 돋보인 가운데 광주FC의 가브리엘 정도가 눈에 띄는 새로운 외인이었다.

'구관이 명관'이라는 표현대로 인천 유나이티드의 무고사가 득점 1위, FC서울의 일류첸코가 2위에 올랐지만 유쾌하게 보기는 어려운 현상이었다.

센세이셔널, 양민혁 돌풍

외국인 선수를 보는 맛은 떨어졌지만, 고등학생 신분으로 K리그1을 정복한 강원 FC의 양민혁을 보는 재미는 컸다. 양민혁은 2006년생으로 고등학교 3학년 학생이지만 축구선수로는 최정상급 활약을 펼쳤다. 12골6도움을 기록하며 강원의 돌풍을 이끌었다. 폭발적인 순간 스피드와 부드러운 볼 터치, 여기에 뛰어난 골 결정력까지 선보인 양민혁은 시즌 내내 맹활약했다. 잠시 기복도 있었지만 후반기에 다시 힘을 내며 강원의 준우승에 힘을 보탰다. 시즌 도중 잉글랜드 프리미어리그의 명문 토트넘 홋스퍼로 이적하는 경사까지 맞이했다. 언제 다시 K리그에서 볼 수 있을지 모르지만, 강렬한 인상을 남긴 채 유럽으로 향하게 됐다.

강원에 양민혁이 있었다면 대전하나시티즌에는 윤도영이 있었다. 양민혁과 같은 나이로 친구이기도 한 윤도영은 대전 공격의 핵심이었다. 공을 소유하고 수비 라인을 파고드는 기민함, 여기에 담대하고 과감한 플레이는 윤도영이 양민혁 못지않은 재능을 갖추고 있다는 사실을 보여줬다.

양민혁과 윤도영의 존재로 인해 K리그는 유망주의 개념을 한층 낮추고 더 파격적으로 어린 선수들을 기용해도 된다는 분위기로 들어갔다.

300만 관중 시대, 50만 관중 성공한 FC서울, 2부 리그 활성화한 수원 삼성

2023년 K리그는 300만 관중 시대를 활짝 열었다. 기세를 이어 2024년에는 더 이른 시기에 300만 관중을 돌파했다. 코로나19 팬데믹 이후 시작한 상승세가 올해까지 이어지는 흐름이었다.

K리그1 총 관중은 250만8585명이었다. 2023년 244만7147명을 웃돌았다.

가장 많은 관중을 기록한 팀은 FC서울이다. K리그 최초로 한 시즌 50만 관중을 기록했다. 경기당 평균 1만9633명의 관중을 불러 모으는 데 성공했다. 잉글랜드 프리미어리그 스타 출신인 제시 린가드를 영입하는 모험 수가 적중했다. 린가드는 시즌 초반부터 K리그의 핫이슈가 됐고, 부상도 있었지만 뛰어난 기량을 선보이며 서울의 선택이 틀리지 않았음을 증명했다. 서울을 넘어 K리그 전체로 봐도 긍정적인 영입이었다.

K리그2는 수원 삼성 강등 효과를 크게 누렸다. 수원 삼성 서포터는 2부 리그 경기장을 활발하게 누비며 승격을 위해 응원했다. 덕분에 K리그2 관중은 2023년 55만3891명에서 88만9125명으로 폭발적으로 증가했다. 수원 삼성 서포터는 1부 리그 시절이었던 2023년(45만9081명)에 비해 줄어들긴 했지만, 33만1813명이 경기장을 찾았다. 강등 환경을 고려할 때 수원 삼성 팬의 '의리'를 확인하는 시즌이었다.

CHAPTER 01:

두근두근. 혹은 콩닥콩닥. 축구장 가는 길은 설렌다. 지름 $22cm$의 공 하나가 직사각형 안에서 역동적으로 움직이는 싸움을 보기 위해 파랑고, 빨간, 노란, 다채로운 색의 마음들이 녹색 잔디에 모인다. 아드레날린이 상승하는 순간. 수천, 수만의 눈이 센터서클로 향한다.

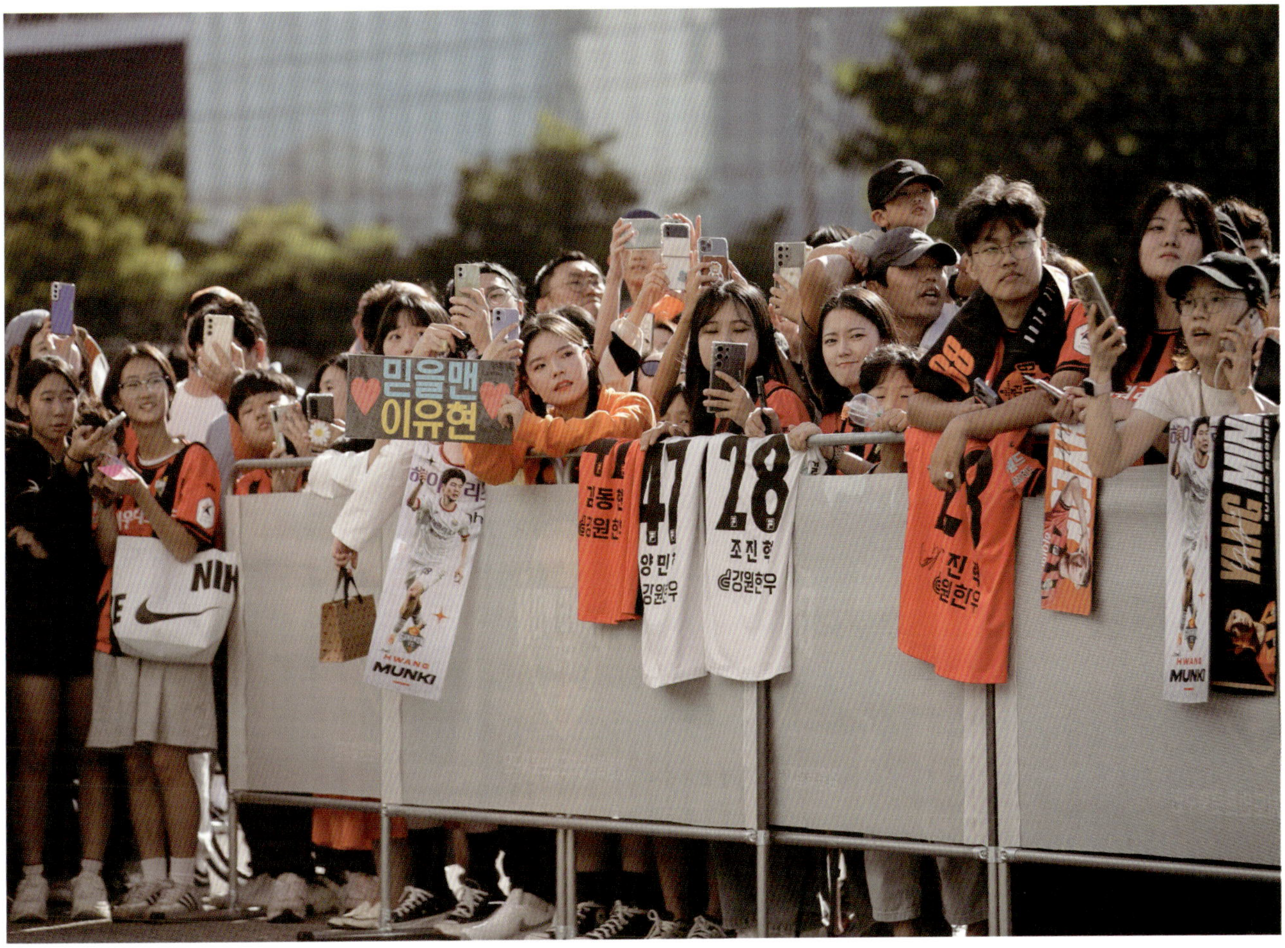
믿을맨
이유현
47
28
조진혁
강원한우
HWANG
MUNKI

CHAPTER 02:

선수들은 피치 위에서 드라마를 연출한다.
영원한 조연은 없다. 누구나 주인공이
될 수 있다. 90분간 뛰고, 넘어지고, 차고,
막으며 주연이 되기 위해 몸을 던진다.
주인공이 된 선수들은 가장 크게
환호하고 포효한다. 공이 골 라인을
넘어가는 그 찰나의 순간, 그가 세상에서
가장 뜨거운 남자가 된다.

CHAPTER 03:

피치 위엔 희노애락이 있다. 승부라는 냉정한 결과를 위해 90분간 온갖 감정을 쏟아진다. 모두가 웃을 수는 없다. 누군가는 울고, 화내고, 절망하고, 좌절한다. 그래서 피치 위의 '희(喜)'가 주는 짜릿함이 더 크다. 원래 희소성이 주는 가치가 더 큰 법이다....

이준호
18
HYUNDAI

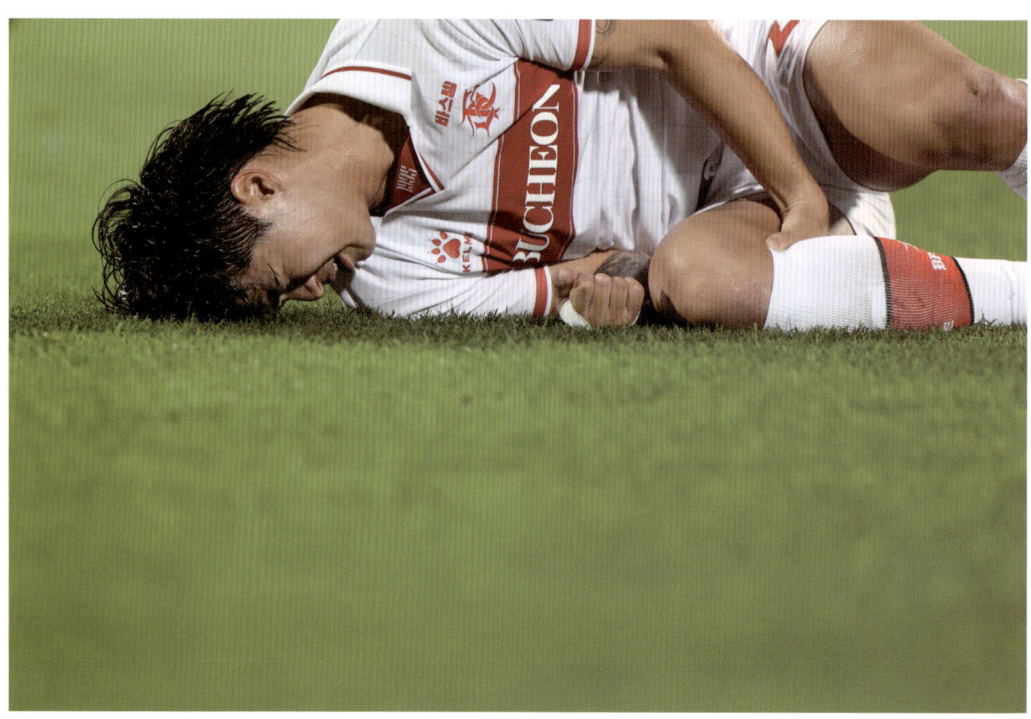

CHAPTER 04:

너와 나, 우리는 같은 색 유니폼을 입고
호흡한다. 함께 울고, 같이 웃는다.
축구장에서 우리 모두는 하나가 된다.
'그대가 없다면 우리도 없다'라는
하늘색 마음처럼, 서로가
필요조건이 된다.

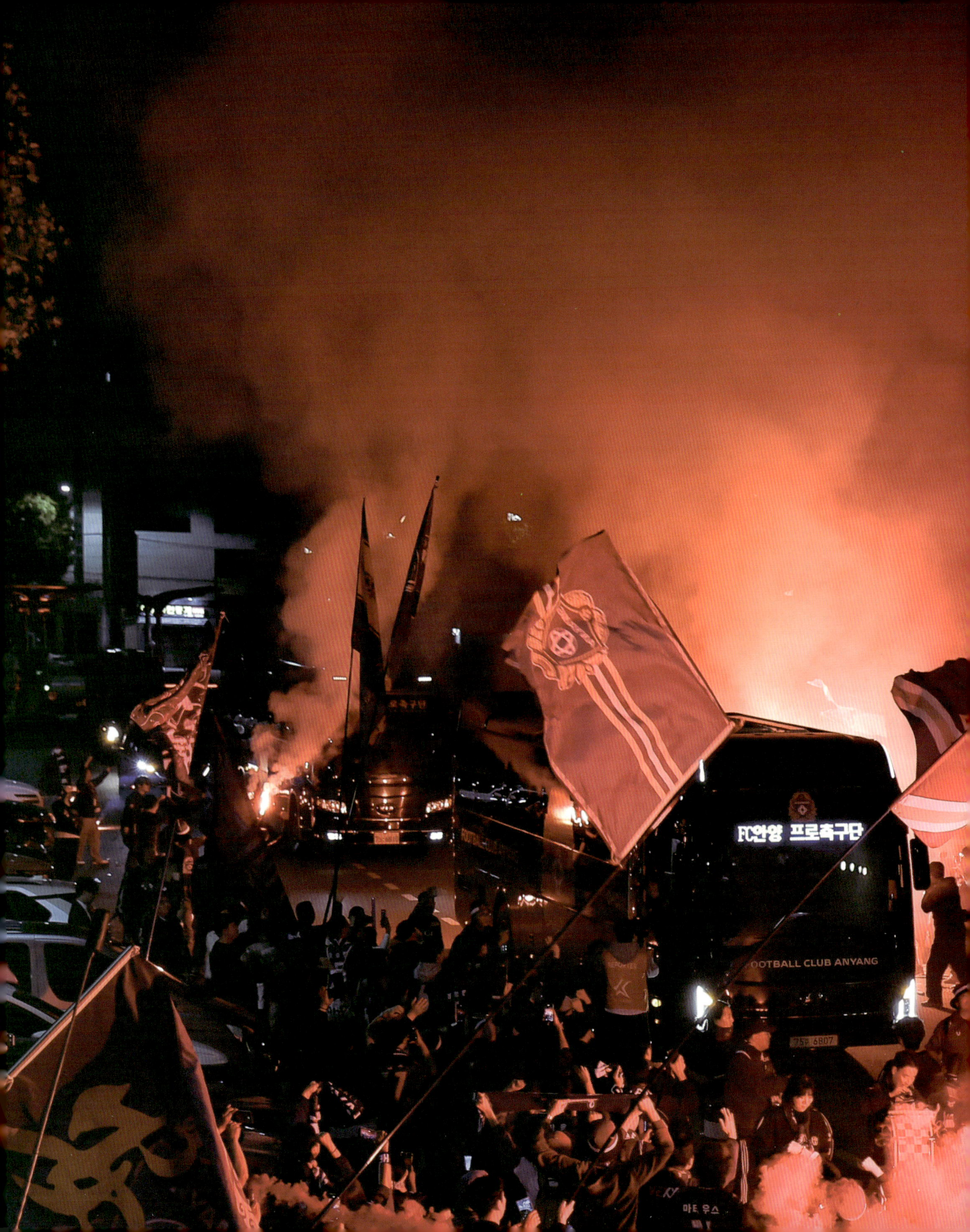
FC안양 프로축구단
FOOTBALL CLUB ANYANG

—2024 SEASON REVIEW

1부

정다워

울산HDFC
'울산 왕조'를 구축하다

울산은 올시즌 가장 큰 부침을 겪은 팀이다. 울산은 새 시즌을 준비하며 3연패를 목표로 삼았다. 스포츠에서 3년 연속 우승은 곧 '왕조 구축'을 의미한다. 많은 라이벌을 따돌리고 '울산 왕조'를 세우는 게 팀의 목표였다. 쉽지 않은 여정이었다. 2연패를 이끌었던 홍명보 전 감독이 시즌 도중이었던 7월 대표팀 지휘봉을 잡으면서 리더십에 공백이 발생했다. 홍 감독은 박수받지 못한 채 울산을 떠나야 했다. 남은 코칭스태프가 분위기를 다잡으려 했지만 어수선한 분위기는 사라지지 않았고, 결국 25라운드 종료 후 4위까지 추락하며 위기에 직면했다. 구단 12대 사령탑이자 소방수로 등장한 김판곤 감독은 빠르게 팀을 안정화했다. 최초로 구단 선수 출신 감독이 된 김 감독은 붕괴한 리더십을 세우며 우승을 향한 의지와 동기부여를 불어넣어 '팀 스피릿'을 다시 세웠다. 베테랑을 중심으로 챔피언의 힘을 회복했고, 강원FC, 김천 상무 등의 맹렬한 추격을 따돌렸다. 울산은 김 감독 체제에서 치른 13경기에서 9승3무1패라는 뛰어난 성적을 기록하며 3연패에 성공했다. 팀의 얼굴이었던 홍 감독 이탈로 흔들리던 팀을 정상으로 인도한 김 감독이 없었다면 울산은 챔피언 타이틀을 지키지 못했을지도 모른다.

윤진만

강원FC
천재와 천재의 만남, '강원 동화'의 첫 페이지는 그렇게 쓰여졌다

'강원 동화'의 첫 페이지는 튀르키예 동계 전지훈련에서 작성됐다. 2023년 시즌 도중 강원 지휘봉을 잡아 극적인 잔류를 이끈 윤정환 감독은 수비색을 지우고 공격 축구로의 과감한 변화를 꾀했다. 미드필더 황문기를 우측면 수비수로, 미드필더 이기혁을 왼쪽 센터백으로 기용하는 '포지션 파괴'도 계획했다. 또, 큰 주목을 받지 못했던 2006년생 신예 양민혁을 '조용히' 준비시켰다. 개막 후 강원의 행보는 모두의 예상을 훌쩍 뛰어넘었다. 경험이 부족한 양민혁, 만년 유망주 이상헌, 2023시즌 부진했던 야고(시즌 중 울산 이적)는 공격진에서 '환상 시너지'를 냈다. 양민혁은 경기장 위에서 18세라고는 믿기지 않는 '원숙미'를 뽐냈다. 시즌을 거듭할수록 눈에 띄게 진화했다. 7월 토트넘 이적으로 60억원에 가까운 이적료를 구단에 선물한 양민혁은 후반기엔 돈으로 환산할 수 없는 퍼포먼스로 팀에게 에너지를 불어넣었다. "우린 누구에게도 패하지 않아." 강원의 '위닝 멘털리티'는 시즌이 끝날 때까지 유지됐다. 구단 최고 성적(순위, 승점, 득점), 최다 홈 관중, 감독상(윤정환), 영플레이어상(양민혁), 베스트 일레븐 3명 선정 등 역사를 새로 쓰며 동화를 아름답게 마무리했다. 아시아 챔피언스리그 진출권을 따낸 강원은 2025년 새로운 동화를 꿈꾼다. 지금, 이 순간이, 한 페이지가 될 수 있게.

조남기

김천상무프로축구단
'역대 최고 상무' 탄생!
추락 공식 거스른 정정용의 김천

역대 최고 상무가 출현했다. 김천 상무는 구단 최고 성적인 K리그1 3위에 도달했다. 그들은 공식을 거슬렀다. 상무는 병사들의 입대·전역 시기마다 팀이 흔들려 추락하곤 한다. 올해는 달랐다. 김천은 거침없는 등반을 지속했다. 그들은 초장부터 상위권에 진입했다. 그러고는 11경기 무패 행군을 연출했으며, 심지어 6월 하순부터 7월 초순까지는 아예 '선두'까지 점유해버렸다. 무시무시한 기세였다. 어떻게든 챔피언에 오르긴 했으나 울산 HD는 김천의 가공할 역주 때문에 시즌 내내 스트레스를 받아야만 했다. '2024 김천'은 스쿼드 드나듦에 관계없이 굳건함을 견지했다. 단단함의 원동력은 정 감독의 세심함 덕이다. 김천의 대장은 당직사관 근무 시간까지 선수들과 대화에 할애하는 등 소통에 마음을 다했다. 왜 김천이 마지막 성장의 기회인지, 이곳에서 잘하면 인생이 어떻게 바뀌는지를 줄기차게 설파했다. 선수들은 감독으로부터 확실한 동기부여를 얻었고, 보다 열정적으로 복무를 이어갔다. 그 결과 김천에선 개인들도 영예를 누렸다. 이동경·김준홍·김봉수 등은 군인으로 국가대표팀에 선발됐으며, 이들을 제외한 다른 선수들도 K리거로서 괄목할 성장을 이뤘다. 팀과 유닛의 영광을 모두 챙긴 김천의 2024년은 모두에게 강렬한 인상을 남겼다.

윤진만

FC서울
김기동이 하면 다르다,
다시 비상의 날개를 단 명문 서울

인생은 타이밍이다. 언제 어떤 선택을 내리느냐에 따라 운명이 바뀌곤 한다. 우리는 많은 축구 클럽이 잘못된 선택 한 번으로 추락하는 모습을 수없이 지켜봤다. '1000만 수도 클럽' FC서울의 최근 모습도 꼭 '날개를 잃은 명문팀'이었다. 2019년부터 2023년까지 4년 연속 파이널 B그룹에 머문 현실은 팬들이 외면하고 싶은 씁쓸한 현실이었다. 그런 서울의 반등을 이끈 건 '적절한 타이밍의 과감한 결단'이었다. 서울은 2024시즌을 앞두고 명문구단의 위상을 되찾겠다며 포항에서 리그 최고 명장 반열에 오른 김기동 감독을 과감히 선임했다. 김기동 감독은 "김기동이 하면 다르다는 걸 보여주겠다"는 김기동다운 뜨거운 취임 일성을 남겼고, 10개월이 지나 4위 성적으로 다짐을 지켰다. 제시 린가드, 최준, 야잔 아랍, 루카스 실바, 강현무 등 영입생들은 서울이 다시 아시아 무대의 문을 열 수 있도록 각자 포지션에서 힘을 보탰다. K리그 역대 최고의 네임밸류로 불리는 린가드는 입단 초창기 무릎 부상을 씻고 돌아온 5월부터 프리미어리그 명문 맨유에서 전성기를 누린 실력을 유감없이 발휘하고, 축구에 대한 진정성을 보이며 서울, 나아가 국내 축구팬들에게 큰 울림을 남겼다. 올해 서울의 부활이 애피타이저였다면, 메인 디시는 우승이다.

정다워

수원FC
강등 후보? NO! 다크호스!

수원FC는 새 시즌을 앞두고 김도균 감독과 작별하고 더 젊은 리더십을 갖춘 김은중 감독을 선임해 변화를 모색했다. 걱정하는 목소리가 더 컸다. 20세 이하 월드컵에서 4강 진출을 달성하며 지도력을 입증했지만, 김 감독은 프로 사령탑 경험이 없다는 리스크를 안았다. 기우였다. 김 감독은 빠르게 자신만의 색깔을 완성하며 수원FC의 고공 행진을 이끌었다. 김 감독은 공수 간격을 촘촘하게 유지하면서 공격의 효율을 극대화하는 색깔로 중상위권을 유지했다. 여름에는 이승우, 이영준 등 주요 선수가 이탈하는 악재가 발생했다. 설상가상 손준호 이슈까지 터지면서 초대형 위기에 직면하는 것처럼 보였다. 자칫 팀이 크게 흔들릴 수 있는 흐름이었다. 어려운 상황에서 김 감독은 견고한 리더십으로 선수들을 하나로 묶었다. 무엇보다 안데르손의 능력을 극대화하는 전술 변화가 눈에 띄었다. 상위권까지 올라가지는 못했지만, 큰 어려움 없이 파이널A에 안착하는 여유로운 시즌이었다. 젊지만 김 감독의 위기 대응 능력이 빛난 후반기였다. 수원FC의 최종 순위는 5위. 15승에 승점 53점을 확보하며 구단 역사상 최고 순위, 최다승, 최다승점 등 여러 기록을 갈아치웠다. 불과 1년 차 감독이 만든 위대한 성과였다.

최송아

포항스틸러스
시작은 창대했으나 결말이 아쉬웠던 포항의 '태하 드라마'

지난해 K리그1 2위와 FA컵(현 코리아컵) 우승을 이끈 김기동 감독이 FC서울로 떠나고 선수 시절 원클럽맨으로 활약했던 구단의 '레전드' 박태하 감독이 지휘봉을 잡은 포항의 시즌 초반은 화려했다. 2라운드부터 12라운드까지 무패(7승 4무) 행진을 펼치며 선두로 치고 나갔다. 사령탑 교체와 주축 선수들의 대거 이탈로 위기가 올 것이란 평가를 보기 좋게 깨뜨린 데다, 유독 '극장 골'도 자주 터지면서 포항의 축구엔 박 감독의 이름과 접목한 '태하 드라마'라는 수식어가 붙었다. 이후 7월까지 선두권에서 경쟁했으나 7월 28일 김천상무와의 25라운드를 시작으로 리그 6연패 수렁에 빠지며 중위권으로 미끄러졌다. 공격수 이호재와 센터백 이동희가 부상으로 장기 이탈하는 등 악재가 이어졌다. 파이널A 사수엔 성공했지만, 파이널 라운드 5경기에서 무승(2무 3패)에 그치며 파이널A에서 가장 낮은 6위(승점 53)로 마치면서 '태하 드라마'의 결말은 아쉬움을 남겼다. 여름 이적시장에서 서울로부터 영입한 측면 수비수 이태석이 입단하자마자 핵심으로 자리 잡으며 처음으로 성인 국가대표팀까지 발탁되고, 윙어 홍윤상이 영플레이어상 후보에 오르며 활약을 인정받는 등 '젊은 피'의 약진은 위안으로 삼을만했다.

윤진만

제주유나이티드
'베테랑 장인' 학범손의 제주, 시작은 미약했지만 끝은 창대했다

지도자는 하루아침에 이뤄지지 않는다. 수없는 패배에서 승리하는 법을 배우고, 선수단 불협화음에서 조화를 찾는 법을 깨닫는다. 장인이 도자기를 다듬는 것처럼, 끊임없는 연구와 쉼 없는 전술 공부, 철두철미한 선수단 관리를 위해 노력하는 과정에서 '능숙한 지도자'라는 도자기가 완성된다. 최근 다소 아쉬운 성적으로 반등이 필요했던 제주가 2024시즌을 앞두고 30년 경력의 베테랑 김학범 감독을 전격 선임한 건 완성된 도자기, 즉 성과를 낼 수 있는 묵직한 리더십이 필요했기 때문이었다. 2017년 광주를 떠난 뒤 6년간 K리그 현장을 떠나있었던 김학범 감독도 '노장은 죽지 않는다'는 사실을 증명할 무대가 필요하던 차였다. 김학범호 1년차는 냉정하게 '절반의 성공'으로 평가할 수 있다. 김학범 감독이 준비한 빠른 템포의 공격 축구는 경기장에서 제대로 구현되지 않았다. 7위는 제주가 김학범 감독에게 원한 순위는 결코 아니었다. 하지만 김학범 감독의 지략과 통찰력 덕에 몇 번의 고비를 넘어 후반기 대반등을 이뤘다는 사실은 부인할 수 없다. 임채민, 송주훈, 이주용 등 베테랑이 중심이 된 선수단의 끈끈한 조직력과 탄탄한 수비는 '10월 전승'의 원동력이었다. 시작은 미약했지만, 끝은 창대했다. '학범손'의 2년차를 기대해도 좋을 이유가 아닐까.

조남기

대전하나시티즌
황새가 밀어붙인 '대전 잔류 대작전'

대전 하나 시티즌은 2024년 초반부터 급강하했다. 그러고는 10~12위 사이를 맴돌았다. 비판 여론은 금세 고개를 들었다. 선수 유출이 없던 건 아니나, 대전은 지난겨울 이순민·김승대·홍정운·아론·음라파 등 걸출한 자원들을 보강한 상태였기 때문이다. 결국 이민성 감독이 5월 중 팀을 떠났다. 2부리그 지옥도의 무서움을 누구보다 잘 아는 대전은 빠르고 냉철한 판단을 내릴 수밖에 없었다. 소방수로 등장한 이는 놀랍게도 '황새' 황선홍 감독이었다. 황 감독은 과거 대전의 지휘봉을 잡았는데 그땐 썩 좋은 마무리가 아니었다. 때문에 그의 부임 초기엔 팬들의 여론이 우호적이진 않았다. 하지만 황 감독과 대전은 목표만을 되뇌며 무소의 뿔처럼 나아갔다. 일단 모기업 지원을 등에 업고 게임 체인저가 돼줄 이들부터 잔뜩 영입했다. 선수가 넘쳐 클럽하우스에 공간이 부족하다는 말까지 흘러나왔으나 중요치 않았다. 뒷일은 나중에 생각하면 될 일이었고, 당장의 지상 과제는 분명 생존이었다. 이 악물고 싸운 대전은 시즌 막판 기어코 반전을 이뤘다. 마지막 14경기에서 8승 2무 2패라는 '최상위권급' 성적을 기록하며 2024년을 8위로 마감했다. 반드시 K리그1에서 버티겠다는 선수들의 절박함과 이번엔 실력을 증명하겠다는 황 감독의 절실함이 빚은 기적의 앙상블이었다.

정다워

광주FC
이정효 매직은 현재진행형!

광주는 2022년 K리그2 우승 및 승격, 지난해 K리그1 3위 달성 등을 통해 프로축구의 판을 흔든 주인공으로 급부상했다. 정확히는 광주를 강팀으로 변모시킨 이정효 감독이 K리그의 '핫이슈'로 자리 잡았다. 올해에도 마찬가지였다. 강등 걱정을 하던 팀이 아시아축구연맹 챔피언스리그 엘리트에 나가는 상황에 이 감독이 어느 정도로 팀을 성장시킬 수 있을지가 관건이었다. 예상대로 어려운 시즌이었다. 특히 외국인 농사에 어려움을 겪으면서 K리그1에서는 지난해만큼의 경쟁력을 보이지 못했다. 가브리엘 정도를 제외하면 나머지 영입생들은 실패에 가까웠다. 아사니도 전반기에는 모습을 보기 어려웠다. 국내 선수들로 잘 버텼지만 최종 성적은 9위였다. 3위에서 여섯 계단이나 하락한 순위다. 만족하기 어려운 결과 같지만, 최악은 피했다. 시즌 내내 강등 걱정은 하지 않았기 때문이다. 큰 어려움 없이 잔류를 확정했다. K리그1에서 부진하긴 했지만 챔피언스리그에서는 개막 후 3연승을 달리는 등 아시아 무대를 휩쓸며 이 감독의 지도력이 다시 주목받았다. K리그1과 챔피언스리그에서의 온도 차가 크긴 하지만, 이 감독은 올해에도 새로운 역사를 만들었다고 볼 수 있다.

정다워

전북현대모터스
왕조의 굴욕

K리그1 9회 우승에 빛나는 전북 현대는 올시즌 엄청난 위기에 직면했다. 우승했던 때보다 더 깊이 기억에 남을 시즌이 아닐까 싶을 정도로 부진했다. 단 페트레스쿠 감독은 최하위까지 추락하는 등 성적 부진으로 조기 퇴진했고, 소방수로 부임한 김두현 감독마저 기대에 미치지 못하는 모습으로 위기에서 빠져나가지 못하는 모습이었다. 리그에서 가장 많은 59실점을 기록한 게 부진의 가장 큰 원인이었다. 공수 밸런스가 무너진 가운데 경기력은 끝까지 살아나지 않았다. 결국 좀처럼 순위 상승을 이루지 못하면서 정규리그를 10위로 마감했다. 전북에 두 자릿수 순위는 낯선 것을 넘어 수치에 가까웠다. 긴장감은 끝까지 이어졌다. 승강 플레이오프 1차전에서 2-1 간신히 승리했지만, 홈에서 열린 2차전에서는 선제골을 허용하며 흔들렸다. 이후 역전에 성공해 합산 4-2로 앞서 잔류했다. 전북의 목표는 무조건 우승이다. 중위권에 머물러도 만족할 수 없는 팀인데 강등 공포에 휩싸였으니 트라우마가 남을 만하다. 기대보다 문제, 우려 속에 시즌을 마무리했다. 선수 영입은 줄줄이 실패했고, 경험이 부족한 사령탑은 위기를 돌파하는 데 애를 먹었다. 2025시즌엔 반전이 필요하다.

최송아

대구FC
'언제적 세징야? 여전히 세징야!'...
위기 딛고 생존한 대구

이진용과 조진우의 입대, 이근호의 은퇴, 홍정운의 대전 이적 등으로 전력 누수가 심했으나 눈에 띄는 보강은 일본 미드필더 요시노와 센터백 고명석 정도라 선수단 무게감이 더 떨어졌다는 우려를 자아냈다. 그 여파가 초반부터 결과로 드러나 대구는 11라운드까지 1승 5무 5패의 부진에 허덕였다. 7라운드 이후 최원권 감독이 물러나고 홍익대를 이끌던 박창현 감독이 지휘봉을 이어받은 뒤에도 강등권을 벗어나기가 시즌 내내 쉽지 않았다. '대팍의 왕' 세징야가 팀 내 가장 많은 11골 8도움을 올리며 건재했고, 황재원, 박세진 등 젊은 피의 활약도 있었으나 역부족이었다. 10월 말 대전과의 35라운드에서 갈비뼈를 다친 세징야가 자리를 비운 가운데 대구는 파이널 라운드 무승(2무 3패)에 그치며 11위(승점 40)에 머물러 처음으로 승강 PO로 내몰렸다. 하지만 충남아산과의 승강 PO 1차전에 복귀한 세징야가 멀티골을 폭발하며 1-4에서 3-4로 추격을 이끌더니, 2차전에서도 합산 스코어 4-4를 만드는 골을 넣어 극적인 잔류의 발판을 놨다. 세징야(1989년생)와 에드가(1987년생, 정규리그 5골·승강 PO 1골) 듀오가 여전하다는 건 대구에 축복이면서도, 합산 나이 70세가 넘는 이들에게 의존하는 현실은 큰 숙제로 남았다.

조남기

인천유나이티드
인천의 수직 낙하, 구단 역사 최초의 '강등'

이럴 줄 몰랐다. 인천 유나이티드가 이토록 추락할 줄 누구도 몰랐다. 2024년의 인천은 끝내 '강등' 당했다. 돌이켜보면 시작부터 삐걱댔다. 겨울이적시장의 영입부터 시원찮았으며, 김도혁·신진호·델브리지 등 주요 선수들마저 초반부터 부상에 허덕였다. 봄이 질 무렵부턴 떨어지는 벚꽃처럼 순위가 낙하했다. 그러다가 시즌 중반 아홉 경기 무승의 늪에 빠진 뒤로 최하위권에 고착됐다. 절체절명의 위기를 직감한 인천은 상황을 타파하기 위한 강수를 뒀다. 오래도록 팀을 지탱한 조성환 감독과 이별을 택했다. 아픈 작별이었지만 그보다 중요한 건 충격요법을 통한 생존이었다. 이후 인천은 변재섭 감독대행과 최영근 감독에게 지휘봉을 맡기며 반전을 도모했다. 하지만 꺾인 날개는 좀처럼 펴지질 않았다. 여름이적시장의 '0입'도 선수단 사기 저하에 영향을 미쳤다. 결국 인천은 9월 14일을 기점으로 단 한 번도 12위를 벗어나지 못했다. 이번만큼은 '잔류 DNA'가 발동하지 않았다. 인천은 두 해 연속으로 파이널 A에 들며 모두를 놀라게 했다. 덕분에 2023-2024 AFC 챔피언스리그(現 AFC 챔피언스리그 엘리트)까지 도달하며 구단사(史) 최고점에 올라섰다. 그러나 2024년, 인천이 그간 쌓아올렸던 행복은 거짓말처럼 물거품이 됐다. 봄꿈은 악몽으로 뒤바뀌었다.

2부

최송아

FC안양
11년 절치부심으로 빚어낸 안양의 '보랏빛 반란'…우승 꽃이 피다

이우형 전 감독이 구단 테크니컬 디렉터로 물러나고 수석코치였던 유병훈 감독이 처음으로 프로팀 사령탑을 맡으며 우려도 있었지만, 선수와 코치로 모두 안양에 몸 담은 경험이 있는 유병훈 감독은 '꽃봉오리 축구'로 K리그2에 돌풍을 일으켰다. 간결한 패스와 끈끈한 수비를 통한 공수 밸런스를 꾀한 안양은 리그 초반 6경기에서 5승 1무의 가파른 상승세로 선두권에 자리잡았고, 6월 초부터는 한 번도 1위에서 내려오지 않았다. 공격수 유정완과 단레이의 부상 이탈이나 시즌 막바지 3연패 등 고비도 있었으나 2013년 창단 이후 첫 K리그2 우승과 승격이라는 열매를 맺었다. 안양의 축구가 꽃을 피울 수 있었던 것엔 브라질 공격수 마테우스의 활약을 빼놓을 수 없다. 7골 11도움으로 팀 내 최다 공격 포인트를 작성한 마테우스는 리그 MVP와 도움왕, 시즌 베스트11 공격수까지 3관왕에 등극했다. 팀의 중심을 잡은 베테랑 수비수 이창용과 김동진, 이태희, 미드필더 김정현, 골키퍼 김다솔이 모두 리그 베스트11로 선정되며 함께 기쁨을 누렸고, 유병훈 감독도 프로 사령탑 데뷔 시즌에 감독상을 거머쥐며 피날레를 장식했다. 지난해 3027명에 불과했던 평균 관중이 5250명으로 뛰어 올라 흥행에서도 성과를 남겼다.

서호정

충남아산프로축구단
지축을 흔든 '베테랑 초보' 감독의 심포니

유달리 이변이 많았던 2024년 K리그였지만 충남아산의 걸음은 지각변동 그 자체였다. 시민구단 전환 후 치른 앞선 네 시즌 동안 충남아산이 기록한 최고 성적은 6위. 나머지 세 시즌은 8위 한 차례, 10위 두 차례였을 정도로 적은 예산에 딱 부합하는 성과를 낸 팀이었다. 프로 초대 사령탑이었던 박동혁 감독과 작별한 충남아산이 택한 새 리더는 김현석 감독이었다. 지도자의 길을 밟은 지 20년 만에 프로 감독의 기회를 잡은 그는 조용히 태풍을 준비했다. 역동적인 공수 전환으로 강한 인상을 심어준 충남아산은 5월부터 본격 질주를 시작했다. 10라운드까진 다섯 차례나 무승부를 기록했지만 이후엔 승점 3점을 노리는 과감한 승부의 연속이었다. 특히 6월 말부터 7월 초 사이 경남, 성남, 서울 이랜드를 상대로 10득점 무실점의 3연승을 기록하며 상위권 경쟁에 진입했다. 홈인 이순신종합운동장의 잔디 교체 공사로 인해 마지막 6경기는 원정으로만 임해야 했음에도, 오히려 막판 10경기에서 7승 1무 2패의 호성적을 기록하며 K리그2 최종 2위를 기록했다. 승강 플레이오프 1차전에선 대구를 4-3으로 꺾으며 다시 모두를 놀래켰지만, 2차전에서 1-3으로 패해 승격엔 실패했다. 마지막 점을 찍지 못했을 뿐 김현석 감독과 선수들이 지축을 흔든 대이변은 가장 강렬했다.

정다워

서울이랜드FC
도파민 팍팍! 끝까지 치열했던

서울 이랜드는 창단 10년을 맞아 수원FC에서 승격 경험이 있는 김도균 감독을 영입해 반등에 도전했다. 효과는 컸다. 공격적인 축구를 지향하는 김 감독 체제에서 서울 이랜드는 K리그2 최다득점인 64골을 기록하며 시즌 내내 중상위권에 머물렀다. 부진했던 적을 찾기 어려울 정도로 승격을 위한 빌드업을 착실하게 해내는 모습이었다. 47실점으로 수비가 약한 게 흠이었지만 공격을 통해 상쇄했다. 특히 후반전에 강한 면모를 보여 '도파민 축구'라는 별칭도 얻었다. 정규리그를 3위로 마친 서울 이랜드는 승강플레이오프에서 K리그1의 '공룡' 전북 현대를 맞아 선전했다. 1차전에는 팽팽한 승부 끝에 1-2로 패했고, 2차전에서는 선제골을 넣는 등 전북을 벼랑 끝으로 내몰았다. 결국 1-2로 패해 두 경기 합산 2-4로 밀려 승격에 실패했지만, 희망을 남긴 마무리였다. 특히 신구 조화가 눈에 띄었다. 오스마르, 김오규 등 리그에서 경험이 풍부한 베테랑이 중심을 잡고 K리그2 영플레이어상 주인공 서재민, 변경준 등 젊은 선수들이 앞에서 에너지를 불어넣었다. 팀을 만들 줄 아는 김 감독이 주도한 영입생들은 대다수가 성공적으로 팀에 안착해 보탬이 됐다. 김 감독 2년차가 더 기대되는 이유다.

윤진만

전남드래곤즈
닿을 듯 닿지 않은 승격의 문, 드래곤즈의 날갯짓은 충분히 아름다웠다

1부 승격을 향한 드래곤즈의 '승천'은 실패로 돌아갔지만, 도전은 충분히 아름다웠다. 2024시즌 돌입해 5월부터 본격적으로 치고 올라서더니 8월까지 내내 2위를 고수하며 선두를 넘봤다. 2018년 강등된 이후 좀체 승격에 가까워지지 못하고, 이장관 감독이 부임한 2022시즌엔 최하위를 하는 굴욕을 겪기도 했던 전남은, 올해 어느 때보다 승격에 가까이 다가섰다. 2024년은 전남 구단의 상징인 '용'의 해(갑진년)인데다 창단 30주년이기도 해서, 여러모로 의미가 남달랐다. 새롭게 부임한 감독이 팀에 자신의 색깔을 입히기 위선 최소 3년이 필요하다고들 하는데, 이장관 감독은 전남 3년차인 올 시즌 공수와 신구 조화가 잘 이뤄진 균형잡힌 팀을 선보였다. 에이스 발디비아 한 명의 기량에 의존하지 않고, 언제 어디서 골이 터질지 모르는 도깨비같은 팀으로 변신했다. '올해 전남은 확실히 다르다'는 평과 함께 한 발만 더 오르면 닿을 것 같은 '1부의 문'은 끝내 전남의 입장을 허락하지 않았다. 승점을 본격적으로 수확해야 할 가을에 내리막을 탔다. 가까스로 준플레이오프에 진출했지만, 플레이오프에서 이랜드에 2골차 리드를 따라잡히는 아쉬움 속 시즌을 마무리했다. 소득은 있었다. 전남은 강등 후 최다 승점을 쌓으며 내년 '승천'을 위한 동력을 얻었다.

최송아

부산아이파크
준PO 막차 탔지만…
부산의 승격은 또 '다음 기회에'

지난해 정규리그 2위에 올라 승강 PO까지 진출했으나 수원FC에 역전패를 당하며 절호의 승격 기회를 놓쳤던 부산은 로페즈, 안병준, 알리쿨로프 등을 영입하며 야심차게 2024시즌을 시작했다. 하지만 서울 이랜드와의 개막전 0-3 완패를 시작으로 쉽게 치고 나가지 못했다. 5월 하순부터는 7경기 무승(4무 3패)에 빠지면서 결국 7월 초 박진섭 감독이 사퇴했다. 당시 9위였던 부산은 비슷한 시기 K리그1 인천 유나이티드 사령탑에서 물러났던 조성환 감독을 전격 영입하며 화제를 낳기도 했다. 다양한 경험을 지닌 베테랑 지도자인 조 감독을 통해 위기를 극복하고 승격 도전을 이어가겠다는 승부수였다. 조 감독의 데뷔전인 7월 20일 전남 드래곤즈와의 23라운드에서 3-2로 이기며 희망을 밝힌 부산은 준PO 진출의 마지노선인 5위 안팎을 오가다가 막판 2경기에서 천안시티, 부천FC를 상대로 연승을 챙기며 6위에서 5위(승점 56)로 올라서며 준PO행 막차를 탔다. '브라질 특급' 페신이 이 2경기에서 모두 득점포를 가동해 팀을 구해냈다. 하지만 11월 21일 준PO에서 전남의 '철벽 방어'를 뚫어내지 못한 채 0-0으로 비겨 탈락하며 부산의 승격 도전은 2025년에도 이어지게 됐다.

조남기

수원삼성블루윙즈
수원조차 탈출 못한 '헬 리그',
그래도 팬들은 노래했다

2024년은 수원 삼성의 K리그2 첫 시즌이었다. 출발은 좋았다. 8라운드까지 6승 2패를 거두며 리그 최상위권에 진입했다. 그러나 이즈음부터 '헬 리그'의 고민이 시작됐다. 수원은 10라운드부터 15라운드까지 경악스러운 5연패를 겪었다. 이 시기엔 초보 사령탑 염기훈 감독이 끝내 경질되기까지 했다. 새 선장으로 프런트에서 택한 이는 전도유망한 지도자로 꼽히는 변성환 감독이었다. 변 감독 체제의 수원은 체질 개선엔 어느 정도 성공했다. 공격 기조를 흔들림 없이 유지했고, 수비에서도 단단함을 잃지 않았다. 수원은 2024시즌 K리그2 최소 실점(35) 클럽이라는 타이틀도 거머쥐었다. 하지만 승부처에서 흔들렸던 게 치명상이었다. 수원은 중대한 시기에 마주쳤던 서울 이랜드·천안시티 FC·부산 아이파크에 모두 덜미를 잡히며 플레이오프에 진출하지 못했다. 중·장기적으로 활용할 자원들을 확보한 2024시즌이기는 했으나, 결론적으로 핵심 미션이었던 승격을 이루지 못해 아쉬움이 큰 시간이었다. 그래도 청백적의 클럽엔 특별한 한 가지는 있었다. 바로 팬들이었다. 수원은 2부리그라고는 믿기지 않을 만큼 구름 관중을 몰고 다녔다. 시즌 홈 평균 관중은 무려 10,362명을 기록했으며, 각지의 원정에서도 푸른 서포터들이 운집해 진풍경을 연출했다.

최송아

김포FC
'차포마상' 떼고도 중위권 버텨낸 김포

지난 시즌 3위에 오르며 승강 PO까지 진출해 '2년차 돌풍'을 일으켰던 김포의 프로 3년차 시즌은 녹록지 않았다. 김포의 K3리그 시절이나 프로 무대에 첫선을 보일 때부터 함께하며 K리그에 안착하는 발판을 놓은 윤민호, 손석용, 김이석 등을 비롯해 핵심 선수들이 2024시즌을 앞두고 대거 이탈했다. 홈구장인 솔터축구장의 관중석 확장 공사로 시즌 초반 8경기를 원정으로만 치른 것도 악재가 될만한 부분이었다. 여러 변수에도 김포는 12라운드부터 6경기 5승 1패의 상승세에 힘입어 3~4위권 경쟁에 뛰어들었으나 19라운드부터 8경기 무승(5무 3패)에 그치며 동력을 잃었다. 33~35라운드 3연승을 비롯해 시즌 마지막 7경기에서 무패(4승 3무)를 쌓고도 준PO 진출권에도 닿지 못한 채 7위(승점 54)로 시즌을 마친 건 결과적으로 중반 부진의 여파였다. 준PO 진출 막차를 탄 5위 부산 아이파크(승점 56)와 승점 차가 2에 불과해 김포로선 아쉬움이 더 짙게 남을 시즌이었다. 지난 시즌 17골을 터뜨려 리그 득점왕에 오른 데 이어 올해도 15골을 몰아치며 득점 2위에 오른 루이스, 9골 5도움으로 함께 공격을 이끈 플라나 등이 김포 팬들의 자존심을 살려줬다.

윤진만

부천FC1995
**쉽게 무너지지 않지만,
쉽게 나아지지 않은 부천의 현실**

"부천이 쉽게 무너질 팀이 아니다." 수원 변성환 감독이 인터뷰에서 한 이 말보다 이영민 감독이 이끄는 부천의 색깔을 더 잘 나타낸 표현은 없다. 2024년 K리그2 8위, 분명 성공보다는 실패에 가까운 성적이다. 하지만 부천은 최소패 5위(36경기 11패)에 그칠 정도로 어느 팀, 어느 감독이랄지도 상대하기 까다로운 팀임에는 틀림이 없었다. 1, 2부리그를 통틀어 연패가 없는 유일한 팀이 부천이었다. 축구는 흐름의 싸움이라, 한 번 흐름이 꺾인 팀은 연패를 겪곤 한다. 우승팀 안양도 9~10월에 3연패를 당했다. 2021년 부천 지휘봉을 잡은 이영민 감독이 팀을 얼마나 안정적으로 이끌었는지를 엿볼 수 있다. 10년이 넘는 코치 생활을 통한 풍부한 경험과 영리한 지략으로 9월에 경남, 김포, 성남전 3연승을 거두기도 했다. 하지만 플레이오프에 오르기엔 2% 부족했다. 2%는 K리그2를 대표하는 '셀링 구단', 즉 선수 이적으로 예산을 충당해야 하는 현실로 인해 시즌 전 센터백 이동희, 시즌 중 공격수 안재준을 떠나보내야 하는 '전력 손실'이다. 2022~2023년 2년 연속 플레이오프에 진출한 부천은 내년에도 열악한 시민구단이 늘 겪는 현실적인 이유로 전망이 밝지 않다. 이영민 감독의 지략과 선수들의 '영끌'에 다시 한번 기대를 걸어야 할지도.

서호정

천안시티FC
펩태완과 함께 한 천안, 가능성 보여주다

프로 입성 2년차에 사령탑을 교체한 천안은 전체적인 팀 리빌딩에 나섰다. 상주상무, 김천상무를 거치며 호흡을 맞춘 김태완 감독과 김치우 수석코치가 부임했다. 부족했던 경험과 안정감을 채우기 위해 이웅희, 김성준, 이광진, 장성재 등이 합류했다. 대부분 상무 시절 김태완 감독과 좋은 궁합을 보였던 선수들이었다. 개막전에서 부천을 3-1로 완파하며 다크호스라는 평가를 입증했지만 이후 8경기에서 승리를 거두지 못하며 흔들렸다. 팀이 비상한 것은 5월이었다. 원정에서 수원을 잡았고, 부산과 성남을 상대로 시즌 첫 연승에 성공했다. 천안은 원정에서 엄청난 강세를 보였다. 적진에 가서 얻은 승점 30점으로 팀 전체 승점은 70%에 달했다. 모따를 중심으로 한 공격력도 리그 전체 6위로 강세였다. 모따는 전반기에는 파울리뇨, 후반기엔 툰가라를 주 파트너로 삼아 맹공을 퍼부었고 16골을 기록하며 K리그2 득점왕에 올랐다. 김태완 감독의 이런 공격 축구는 후반기 상위권 성적을 요동치게 만들었다. 지난해 최하위로 자존심을 구겼지만 9위로 2024시즌을 마감했다. 천안종합운동장의 잔디도 찬사를 받았다. K리그 전체에서도 최고의 컨디션을 자랑하며 많은 팬들의 부러움을 받았다.

충북청주FC
2년차 성장통, 아파도 한걸음 더

2023년 충북청주는 많은 화제를 모았다. K리그 진입 첫해 홈 평균 관중 6위로 지역민의 관심을 받는 데 성공했고, 순위 경쟁에서도 8위로 복병 이상의 역할을 톡톡히 했다. 특히 최종전에서 부산의 발목을 잡고 김천의 역전 우승을 돕는 '킹메이커'가 되기도 했다. 2024년의 충북청주는 그 돌풍의 대가를 치러야 했다. 팀의 주축 선수들이 타팀의 영입 목표가 됐다. 공격의 첨병 역할을 한 조르지, 피터는 각각 포항과 서울이랜드로 떠났고 팀 성장의 상징이었던 이정택, 홍원진도 각각 겨울과 여름에 대전, 수원으로 이적했다. 그들을 대체하기 위한 영입은 이뤄졌지만 외국인 선수의 퍼포먼스에서 차이가 발생하며 기회를 놓쳤다. 전반기엔 5경기 연속 무승부, 후반기엔 10경기 연속 무승(5무 5패)의 부진을 겪었다. 결국 충북청주는 K리그2 최다 무승부인 16무를 기록했고, 10위로 시즌을 마쳤다. 전 시즌보다 두 계단 떨어진 성적이었다. 프로 초대 감독으로 팀의 기초를 닦은 최윤겸 감독은 성적 부진에 책임을 지고 10월 1일 물러났다. 하지만 성적이 떨어졌음에도 평균 관중은 전년 2509명에서 3191명으로 증가했다. 이 역설은 지역민을 향해 걷는 그들의 길이 틀리지 않았음을 보여줬다.

서호정

안산그리너스
혼돈 속에서 길을 비춰준 시리우스

2023년 최하위를 간신히 모면한 안산에겐 변화의 모멘텀이 필요했다. 지도자로 긴 시간 활동한 안익수 대표이사의 부임이 신호탄이었다. 임관식 감독 체제를 이어간 안산은 외국인 선수 없이 스쿼드를 꾸렸다. 전지훈련도 국내에서만 진행해야 하는 상황이었다. 그러나 국내 선수들은 똘똘 뭉쳤고 시즌 초반부터 강력한 에너지에 기반한 축구를 펼쳤다. 2라운드에서 성남을 상대로 첫 승을 올리고, 5라운드에서는 충남아산을 꺾었다. 그러나 이후 12경기에서 승리는 한번에 불과했고 패배가 쌓여갔다. 결국 7월 10일 임관식 감독은 4승 5무 11패의 성적을 남기고 물러났다. 유스팀을 맡고 있던 송경섭 감독이 소방수로 나서 1군 감독대행을 맡았다. 한달여 동안 안산은 분위기를 일신, 안양과 부천을 연달아 꺾는 저력을 보였다. 8월 이관우 감독이 부임하며 새로운 리더를 맞이한 안산은 막판 12경기에서 3승 5무 4패를 기록했고 순위를 11위로 끌어올리며 시즌을 마감했다. 선수 시절 가장 밝은 별을 의미하는 '시리우스'라는 별명으로 유명했던 이관우 감독은 다양한 무대에서 쌓은 경험으로 막바지 선수단을 잘 인도하며 2025년의 희망을 비췄다.

조남기

경남FC
**예상치 못한 '대실패',
창단 이후 최저 순위였던 경남**

경남은 2024시즌을 재빠르게 준비했다. 2023년 말부터 박동혁 감독을 선임하며 일찌감치 다음을 대비했다. 박 감독은 K리그2에서 유능한 사령탑 중 한 명으로 꼽히는 인물이었다. 경남은 박 감독과 함께 승격이라는 꿈을 이루고자 했다. 목표를 뒷받침하기 위한 구단의 선수 영입도 화끈했다. 겨우내 국내·외를 가리지 않고 다수 자원들이 경남에 상륙했다. 그렇게 새 시즌의 뚜껑이 열렸다. 그런데 경남의 경기력은 '기대 이하'였다. 박 감독도 당혹스러움을 감추지 못할 정도로 팀의 퍼포먼스는 궤도에 오르지 못했다. 경남은 여름에 전력을 더 보충했다. 박한빈·웨일스·박동진·폰세카·사라이바 등을 사들이며 전반기의 약점을 고쳐내 보려 했다. 그러나 제자리걸음은 계속됐다. 경남은 5월 이후 10위권 안쪽으로 진입하지 못했다. 8월부터는 사실상 12위로 굳어졌다. 결국 박 감독이 9월 중 지휘봉을 내려놓는 사태까지 발생했고, 경남은 감독대행 체제에서 2024시즌을 씁쓸하게 마쳐야만 했다. 최하위는 성남 FC였으나, 사실상 경남도 꼴찌나 진배없는 시즌을 보냈다. 1부리그도 아닌 2부리그에서 12위. 경남은 창단 이래 최저 순위를 기록했다. 적잖은 금액을 투자하며 큰 그림을 그렸던 경남이지만 그들은 예기치 못한 대실패를 맛봤다. 괴로운 한 해였다.

서호정

성남FC
추락하는데 날개는 없다, 까치군단의 좌절

성남은 K리그를 대표하는 명가의 역사를 지닌 팀이다. 전신인 성남일화 시절까지 치면 K리그 우승 7회, AFC 챔피언스리그 우승 2회, 코리아컵 우승 3회를 기록한 성과주의의 끝판왕 중 하나다. 그런 성남에게 2024년은 차라리 잊고 싶은 시간이었다. K리그1, 2를 합친 25개 팀 중 가장 낮은 성적을 기록했다. 리그 36경기에서 5승을 거두는 데 그쳤고, 12위 경남과도 승점 차가 7점이나 났다. 16라운드 안양전 승리 후 20경기 동안 승리를 기록하지 못한 채 시즌을 마쳤다. 한 시즌 동안 무려 4명의 감독이 들고 나가는 혼란도 이어졌다. 지난 시즌에 이어 지휘봉을 잡은 이기형 감독은 개막 후 3경기 만에 경질됐다. 감독대행으로 바통을 이어 받은 최철우 수석코치는 팀을 호전시키는가 싶었지만 정식 감독 선임 후 성적 부진으로 물러났다. 김해운 전력강화실장의 감독대행 체제를 거쳐 9월 11일 전경준 감독이 부임했다. 하지만 전경준 감독은 9경기에서 3무 6패를 기록, 부임 첫해 첫승을 달성하지 못하고 시즌을 마감했다. 성남의 이런 추락은 K리그 전체에 경고를 줬다. 화려한 영광을 지녀도 현재와 미래를 가꿔가지 못하면 가장 밑바닥까지 떨어질 수 있음을 보여줬다.

사진을 찍은 사람들
Photo by FAphotos 이완복, 곽동혁, 김재훈, 정재훈, 서혜민, 김정수, 김경태

**2024
K LEAGUE
PHOTOGRAPH
COLLECTION**

발행인 이완복
편집인 곽동혁
글 정다워(스포츠서울 기자) 서호정(K리그 해설위원) 윤진만(스포츠조선 기자)
조남기(베스트일레븐 기자) 최송아(연합뉴스 기자)
기획 FAphotos
디자인 designAIEM
주소 서울시 사직로96, 905
전화 02-3210-1203

ISBN 979-11-983217-0-1 03690

© FAphotos, 2024 | Printed in Seoul, Korea
※이 책의 내용은 FAphotos의 사전 허가 없이 무단전재를 금합니다.